SEKUNDARSTUFE I+II

Aurélie Lamers-Etienne

Unterricht – Français
Français – Unterricht

Unterricht sicher in der Zielsprache gestalten

Cornelsen

Die Autorin:
Aurélie Lamers-Etienne ist Deutsch- und Französischlehrerin am Albertus-Magnus-Gymnasium in Bensberg, Tanzpädagogin und seit Mai 2014 Fachleiterin für Französisch am ZfsL Bonn. Ihr Schwerpunkt ist Kommunikation im Französischunterricht und Mehrsprachigkeit im Fremdsprachenunterricht.

Projektleitung: Franziska Wittwer, Berlin
Redaktion: Nadja Prinz, Köln
Umschlagkonzept/-gestaltung: Ungermeyer, Berlin
Umschlagfoto: Shutterstock/sonia.eps
Layout/technische Umsetzung: fotosatz griesheim GmbH

www.cornelsen.de

2. Auflage 2016

Druck: AZ Druck und Datentechnik GmbH, Kempten

ISBN 978-3-589-15688-7

PEFC/04-31-2260

PEFC zertifiziert
Dieses Produkt stammt aus nachhaltig bewirtschafteten Wäldern und kontrollierten Quellen.

www.pefc.de

Inhaltsverzeichnis

Il y a un début à tout et … ce n'est pas si difficile!

Endlich ist es soweit! Man hat die Masterprüfung oder gar das zweite Staatsexamen in der Tasche, hat mitunter einige Erfahrungen im Praxissemester oder Referendariat sammeln können und ist bereit für den Schuldienst – bereit für die eigene Französischklasse!

Et pourtant, débuter n'est pas toujours facile …
Haben Sie auch schon die Erfahrung gemacht, dass es ein großer Unterschied ist, ob man als sprachaffiner Erwachsener eine Fremdsprache spricht und keine wesentlichen Schwierigkeiten in Gesprächen mit Muttersprachlern hat oder ob man erstmalig vor einer Klasse steht und die geliebte Fremdsprache auf wesentliche Strukturen reduzieren muss, damit insbesondere Sprachanfänger dem zielsprachlichen Unterricht und den Arbeitsanweisungen überhaupt folgen können?

Selbst nach einigen Jahren im Schuldienst gibt es noch Unterrichtsphasen, in denen man als Lehrer die sprachliche Richtigkeit eigener Formulierungen anzweifelt und diese als langweilig und vorhersehbar empfindet. Mitunter ärgert man sich darüber, unnötigerweise „mal wieder" ins Deutsche ausgewichen zu sein.

Kein Wunder, der Großteil der im Französischunterricht benötigten Sprachmittel besteht aus Anweisungen, Anforderungen, Impulssetzungen, Erklärungen usw. Es handelt sich also um Redemittel, die einem im Laufe des Studiums oder während des Auslandsaufenthaltes wenig oder gar nicht begegnet sind (höchstens während einer Tätigkeit als Fremdsprachenassistent/in)!

Et pourtant, il y a un début à tout et … ce n'est pas si difficile!
Mit dem vorliegenden Nachschlagewerk bieten wir Ihnen einen handlichen Ratgeber für den Französischunterricht. Sie finden hier in Form von Mustersätzen schnell und unkompliziert alle wichtigen idiomatischen Formulierungen sowie das nötige Fachvokabular für Ihren Unterricht, sodass Sie diesen sicher und souverän in der Zielsprache abhalten können. Auf den letzten Seiten finden Sie zudem eine Auflistung von Tipps und Tricks, die Sie umsetzen können, um einen modernen kommunikativen Französischunterricht in der Zielsprache zu gestalten.

1.1 Organisation und Unterrichtsablauf

Présences, absences, retards	**Anwesenheiten, Abwesenheiten, Verspätung**
La présence/l'absence (f.) présent(e)/absent(e)	Anwesenheit/Abwesenheit anwesend/abwesend
Est-ce que tout le monde est là?	Sind alle da?
Y a-t-il des absents aujourd'hui?	Gibt es heute Abwesende?
Qui (est-ce qui) manque?/ Qui est absent?	Wer fehlt?
Qui n'est pas là aujourd'hui?/ Qui est absent?	Wer ist heute abwesend?
Je fais l'appel.	Ich rufe die Namen auf.
Qui est responsable/chargé du cahier de présence/cahier de classe/cahier journal?	Wer ist für das Klassenbuch zuständig?
L'absence de X n'a pas encore été notée/signalée dans le cahier de classe.	X ist noch nicht im Klassenbuch eingetragen.
Pourquoi étais-tu absent(e) à la dernière heure de cours/au dernier cours (de français)?	Warum hast du in der letzten (Französisch-)Stunde gefehlt?
Tu ne m'as toujours pas donné d'excuse pour ton absence.	Ich habe für die letzte Stunde immer noch keine Entschuldigung von dir.
l'attestation (f.)/le certificat (médical)	das (ärztliche) Attest
Votre présence en cours est obligatoire.	Es besteht im Kurs Anwesenheitspflicht.
sécher les cours	schwänzen
Tu es (encore) en retard.	Du bist (schon wieder) zu spät.

Quelle est la raison de ton retard?	Warum kommst du zu spät?
Tu n'es jamais à l'heure!	Du bist nie pünktlich!
Le début de l'heure	**Beginn der Stunde**
Silence, s'il vous plaît!/votre attention, s'il vous plaît.	Ruhe bitte! Ich bitte um Aufmerksamkeit.
Est-ce que nous pouvons commencer?	Können wir anfangen?
Tout le monde est prêt?	Seid ihr alle bereit?
Est-ce que tout le monde a son matériel/ses affaires?	Hat jeder sein Material parat?
De quoi avons-nous parlé la dernière fois?	Worüber haben wir letztes Mal gesprochen?
Quel était le thème de notre dernière heure de cours?	Was war das Thema der letzten Stunde?
Aujourd'hui, nous allons commencer/aborder un nouveau thème.	Wir fangen heute mit einem neuen Thema an.
Après avoir discuté de/parlé de/analysé … on parlera aujourd'hui de … /on s'intéressera aujourd'hui à … /on se penchera sur la question …	Nachdem wir über … diskutiert/gesprochen/Nachdem wir … analysiert haben, sprechen wir heute über/interessieren wir uns heute für … /beschäftigen wir uns mit der Frage …
[pour la transparence du déroulement du cours]	[für die Transparenz des Unterrichtsablaufs]
On commence par lire/par la lecture …	Wir beginnen zu lesen/mit der Lektüre …
Puis, on fera une phase de travail en groupe pour …	Es geht dann weiter in die Gruppenarbeit, um … zu …
Finalement, on …/On finira par …	Am Ende, … /Wir schließen dann mit … ab.

La fin de l'heure	Abschluss der Stunde
Nous sommes presque arrivés à la fin de l'heure.	Die Stunde ist beinahe um.
Alors, résumons …	So, fassen wir zusammen …
Quels sont les aspects importants à retenir?	Welche wichtigen Punkte sollen wir festhalten?
C'est tout pour aujourd'hui.	Wir hören hier heute auf.
Nous continuerons demain.	Wir machen morgen weiter.
Demain, nous commencerons un nouveau thème/nous ferons quelque chose de nouveau.	Morgen fangen wir mit einem neuen Thema an.
Vous pouvez déjà ranger vos affaires.	Ihr könnt schon zusammenpacken.
Il faut encore que je remplisse le cahier de classe/le cahier journal.	Ich muss noch ins Klassenbuch eintragen.
N'oubliez pas de mettre les chaises sur les tables.	Vergesst nicht die Stühle hochzustellen!

Les devoirs	Hausaufgabe
Prenez/Sortez vos devoirs, s. v. p.	Holt bitte eure Hausaufgaben heraus.
Qu'est-ce que vous aviez comme devoirs?	Was hattet ihr auf?
Quelqu'un/Qui n'a pas fait ses devoirs?	Wer hat keine Hausaufgaben?
Commençons par corriger les devoirs.	Besprechen wir zuerst die Hausaufgaben.
C'est à qui?/Qui commence?	Wer ist dran?
Lis ce que tu as écrit, s. t. p.	Lies bitte vor, was du geschrieben hast.
Commence à lire, s. t. p.	Fang bitte an vorzulesen.

D'accord, c'est bien, arrête-toi.	In Ordnung, gut, hör hier auf.
Continue, s. t. p.	Mach / Lies weiter bitte.
Maintenant, c'est ton tour / c'est à toi.	Jetzt bist du dran.
Pourquoi n'as-tu pas fait tes devoirs?	Warum hast du deine Hausaufgaben nicht gemacht?
Tes devoirs ne sont pas finis / terminés.	Deine Hausaufgaben sind unvollständig.
Il faut que tu t'appliques pour faire tes devoirs! / Il faut que tu fasses tes devoirs avec plus de soin.	Du musst deine Hausaufgaben sorgfältiger machen!
Notez, s. v. p. les devoirs (pour demain).	Schreibt die Hausaufgaben (für morgen) bitte auf.
Comme devoirs, vous ferez l'exercice X à la page Y. / Pour demain, je vous donne à faire l'exercice X page Y.	Als Hausaufgabe / Für morgen macht ihr die Übung X auf Seite Y.
à l'oral / par écrit	mündlich / schriftlich
Apprenez le vocabulaire page … / sur le thème de …	Lernt die Vokabeln auf Seite … / zum Thema …
Recopiez le vocabulaire de la page … et écrivez des phrases d'exemples.	Schreibt die Vokabeln von der Seite … ab und schreibt dazu Beispielsätze auf.
Préparez l'analyse du poème.	Bereitet die Gedichtanalyse vor.
Apprenez le poème par cœur.	Lernt das Gedicht auswendig.
donner qc comme / en devoir(s)	etwas als Hausaufgabe aufgeben
Je ne vous donne rien / pas de devoirs à faire pour la prochaine fois.	Für das nächste Mal gebe ich nichts auf.

Planifier un contrôle	**Eine Lernerfolgsüberprüfung planen**
J'ai l'intention de/Je prévois de faire un contrôle/un devoir (sur table)[1]/une interrogation écrite/un test de vocabulaire à la fin de la semaine.	Am Ende der Woche plane ich eine Klassenarbeit/eine schriftliche Überprüfung/einen Vokabeltest.
Avez-vous d'autres contrôles/tests la semaine prochaine?	Habt ihr andere Klassenarbeiten/Tests nächste Woche?
Je vais faire une interrogation écrite le ...	Ihr schreibt eine Klassenarbeit am ...
Comme vous le savez, vous aurez un contrôle de français le ... sur le sujet/thème ...	Wie schon gesagt, schreibt ihr am ... eine Klassenarbeit zum Thema ...
Préparez-vous pour l'interrogation/le devoir sur table.	Bereitet euch auf die Klassenarbeit vor.
Révisez les conjugaisons/le vocabulaire pour le test.	Wiederholt die Verbformen/Vokabeln für den Test.
Les médias	**Medien**
le livre/le manuel scolaire	das Buch/das Lehrwerk
le manuel scolaire utilisé	das eingeführte Lehrwerk
Tu n'as pas de/ton livre?	Hast du dein Buch nicht dabei?
Regarde sur le livre de X, s.t.p./Suis avec X, s.t.p.	Schau bitte bei X mit hinein.
Suivez à deux sur le livre de X.	Schaut zu zweit in das Buch von X!
X, laisse Y suivre avec toi.	X, lass Y bei dir mit hineinschauen!
Prenez soin de vos livres, s.v.p.	Behandelt bitte die Bücher schonend.

[1] le devoir sur table: eine Klassenarbeit, d.h. die Arbeit wird im Unterricht geschrieben

Ton livre est tout écorné!	Dein Buch ist voller Eselsohren!
Ouvrez votre livre (à la) page X.	Schlagt euer Buch auf Seite X auf!
Rangez vos livres.	Legt eure Bücher weg!
Retournez vos livres.	Dreht eure Bücher um!
C'est à quelle page?	Auf welcher Seite ist/steht das?
Laissez les livres fermés./Laissez les livres fermés pour écouter le texte.	Lasst eure Bücher geschlossen./Hört den Text mit geschlossenem Buch.
le dictionnaire/unilingue/bilingue	das einsprachige/zweisprachige Wörterbuch
Consultez le dictionnaire./ Regardez/Vérifiez dans le dictionnaire.	Schlagt im Wörterbuch nach!
Vous pouvez utiliser le dictionnaire.	Ihr könnt das Wörterbuch benutzen.
Il faut regarder à X pour trouver le mot Y.	Man muss unter X nachschlagen/ nachschauen, um das Wort Y zu finden.
le rétroprojecteur	der Overheadprojektor
le chariot/la table roulante	der Rollwagen
L'ampoule (f.) est cassée.	Die Lampe ist defekt.
Il faut une rallonge.	Wir brauchen ein Verlängerungskabel.
le transparent	die Folie
le feutre effaçable (à l'eau)	der wasserlössliche Folienstift
le feutre (à encre) indélébile	der nicht wasserlösliche Folienstift
Mets le transparent bien au milieu. Il est trop haut/trop bas./Il n'est pas droit.	Lege die Folie in die Mitte. Sie ist zu hoch/tief./Sie ist nicht gerade.

C'est flou. / Ce n'est pas net. Règle la netteté, s. t. p.	Es ist unscharf. / Stell das Bild bitte schärfer ein.
Est-ce que vous voyez tous bien?	Könnt ihr alle gut sehen?
Il vaut mieux écrire en bleu / noir pour que ce soit bien lisible.	Es ist besser, blau / schwarz zu schreiben, damit es gut leserlich ist.
Effacez le tableau, s. v. p.	Putzt bitte die Tafel!
Il n'y a plus de craie.	Es gibt keine Kreide mehr!
Où est l'éponge?	Wo ist der Schwamm?
X, va chercher de la craie chez le concierge / au secrétariat, s. t. p.	X, hole bitte Kreide beim Hausmeister / im Sekretariat.
Viens au tableau, s. t. p. / Va au tableau et complète la phrase.	Komm bitte an die Tafel. / Gehe an die Tafel und ergänze den Satz.
Écris au tableau.	Schreibe an die Tafel.
Écris plus gros / petit / lisiblement.	Schreibe größer / kleiner / leserlicher.
Ferme / Ouvre le tableau.	Schließe / Öffne die Tafel.
Baisse / Monte le tableau.	Schiebe die Tafel herunter / hoch.
le vidéoprojecteur	der Beamer
le visualiseur	die Dokumentkamera
le tableau blanc / numérique / pédagogique interactif	das interaktive Whiteboard
le logiciel	die Software
le stylet	der Stift (für das interaktive Whiteboard)
la clé USB	der USB-Stick
l'écran (m.)	der Bildschirm

l'ordinateur est planté/bloqué.	der Computer ist abgestürzt.
ouvrir/fermer/enregistrer un document	eine Datei öffnen/schließen/speichern
la barre d'outils	die Toolleiste
le copier-coller → faire un copier-coller	cut and paste
le style de police, la taille de police	Schriftart, Schriftgrad
écrire en gras/en italique/souligné	fett/kursiv/unterstrichen schreiben
l'ordinateur (m.)	der Computer
la tablette (tactile)	der Tablet-PC/das Touch-Tablet
le baladeur numérique/le lecteur MP3	der MP3-Player

1.2 Auffordern / Arbeitsanweisungen geben

Parler	**Sprechen**
Répétez en chœur!	Sprecht alle nach!
Attention à la prononciation!	Achte(t) auf die Aussprache!
Ta prononciation s'est (nettement) améliorée.	Deine Aussprache ist (viel) besser geworden.
Tu as une très bonne prononciation/une prononciation très claire.	Du hast eine sehr gute/deutliche Aussprache.
Explique-nous/Raconte-nous ce que tu as compris.	Erkläre/Erzähle, was du verstanden hast.
Fais/Faites une phrase avec … /en utilisant … [apprenants niveau avancé]	Bilde(t) einen Satz mit …
Discutez en groupe/à deux (de …)	Diskutiert (das Thema X) in eurer Gruppe/zu zweit.

Échangez vos arguments.	Tauscht eure Argumente aus.
Jouez la scène / le dialogue devant la classe.	Spielt die Szene / den Dialog vor der Klasse vor.
Y a-t-il des questions? / Des questions?	Gibt es Fragen? / Fragen?
Lire	**Lesen / Vorlesen**
Qui veut lire?	Wer möchte vorlesen?
Est-ce qu'il y a un volontaire pour lire le texte?	Möchte jemand den Text vorlesen?
Lis le texte à haute voix / pour toute la classe.	Lies (laut) vor.
Lis le texte clairement / lentement.	Lies den Text deutlich / langsam vor.
Lis le texte bien fort de sorte / afin que chacun puisse t'entendre / te comprendre.	Lies den Text schön laut vor, damit alle dich verstehen / hören können.
Lisez à tour de rôle / chacun (à) son tour / les uns après les autres / l'un après l'autre.	Lest der Reihe nach!
Vous lisez le texte en vous répartissant les rôles.	Ihr lest den Text mit verteilten Rollen.
Lisez le texte en silence / silencieusement.	Lest den Text leise durch.
Lisez le texte en détail / de près.	Lest den Text genau.
Parcourez le texte.	Überfliegt den Text.
Commence à lire à la ligne / page X.	Lies ab Zeile / Seite X.
Entraîne-toi à lire. / Entraîne-toi à la lecture.	Du musst das Lesen üben.
Tu lis avec encore trop d'hésitation / de façon encore trop saccadée.	Du liest noch zu stockend / abgehackt.

Lisez le texte en même temps que vous l'écoutez. → lecture simultanée	Lest den Text, während ihr ihn hört. → Lesegemurmel
Compréhension orale	**Hörverstehen**
Il faut encore plus travailler la compréhension orale.	Das Hörverstehen muss stärker geübt werden.
Écoute(z) (bien)! / Ouvre(z) grand tes / vos oreilles!	Höre / Hört (genau / aufmerksam) zu / hin!
Soyez très attentifs (à ...)!	Seid aufmerksam!
Je vais vous faire écouter le texte plusieurs fois.	Ich spiele den Text mehrmals vor.
Essayez dans un premier temps de comprendre la globalité du texte / le texte dans son ensemble.	Versucht zunächst, den Textinhalt im Allgemeinen zu verstehen.
Notez combien il y a de personnes / personnages / protagonistes.	Notiert euch, wie viele Personen / Figuren / Protagonisten es gibt.
Notez qui sont les personnes / personnages / protagonistes qui parlent.	Notiert euch, wer diese Personen / Figuren / Protagonisten sind.
Retenez les informations importantes sur ...	Merkt euch die wichtigen Informationen über ...
Apparemment, ce détail vous a tous échappé.	Scheinbar ist euch allen diese Einzelheit / dieses Detail entgangen.
Parfois, la compréhension est rendue difficile par la mauvaise prise de son.	Manchmal erschwert die schlechte Aufnahme das Verständnis.
Avez-vous remarqué qc de particulier concernant la prononciation?	Habt ihr etwas Besonderes bei der Aussprache bemerkt?
Écrire	**Schreiben**
Recopiez ce qu'il y a au tableau / la règle de grammaire.	Schreibt das Tafelbild / die Grammatikregel ab.
Écrivez dans votre cahier.	Schreibt in euer Heft.

Saute une ligne.	Lass eine Zeile frei.
Soigne ton cahier.	Pflege dein Heft!
C'est un vrai torchon!	Das Heft ist wirklich ungepflegt/ sieht aus wie ein Schmierblatt!
Écris au tableau.	Schreibe an die Tafel.
Notez les informations à retenir./ Prenez des notes sur …	Notiert euch die wichtigen Informationen.
Nous allons faire une dictée/un test de vocabulaire/grammaire.	Wir schreiben ein Diktat/einen Vokabeltest/Grammatiktest.
La fiche de travail	**Das Arbeitsblatt**
Remplissez la fiche de travail.	Füllt das Arbeitsblatt aus.
Lisez/Suivez bien les consignes.	Beachtet die Aufgabenstellung genau.
Répondez aux questions (sur le texte).	Beantwortet die Fragen (zum Text).
Cochez les réponses exactes.	Hakt die richtigen Antworten ab.
Mettez une croix dans les cases qui correspondent aux réponses exactes.	Kreuzt die richtigen Antworten an.
Faites les exercices numéro 1,2 et 3/ les exercices 1 à 3.	Bearbeitet die Übungen 1 bis 3.
Le dernier exercice est facultatif.	Die letzte Aufgabe/Übung ist eine freiwillige Zusatzaufgabe.
Le devoir sur table/L'interrogation écrite/Le test	**Die Klausur/Die Klassenarbeit/ Der Test**
Aujourd'hui, nous sommes le …	Heute haben wir den …
N'oubliez pas d'écrire votre nom sur la copie.	Denkt daran, euren Namen aufzuschreiben.
Soignez la présentation de votre travail.	Arbeitet sauber.

Écrivez lisiblement.	Schreibt leserlich.
N'oubliez pas de laisser une marge pour la correction (pliez votre copie en deux).	Denkt an den Korrekturrand (faltet das Blatt in der Mitte).
Vous avez le droit/Vous n'avez pas le droit d'utiliser le dictionnaire.	Ihr dürft ein/kein Wörterbuch benutzen.
Quand vous avez/aurez fini, rendez votre copie/cahier et quittez la salle sans bruit/occupez-vous en silence.	Wenn ihr fertig seid, gebt eure Klausur/euer Arbeitsheft ab und geht leise hinaus/beschäftigt euch leise.
Répondez d'abord aux questions les plus faciles./Faites d'abord les exercices les plus faciles.	Beantwortet/Bearbeitet zunächst die einfachsten Fragen/Aufgaben.
Continuez par les questions/exercices plus difficiles.	Macht dann mit den schwierigeren Fragen/Aufgaben weiter.
Si vous ne comprenez pas les questions, vous pouvez me demander de vous les expliquer.	Wenn ihr die Fragen nicht versteht, dürft ihr mich ansprechen, damit ich sie euch erläutern kann.
Quand vous aurez fini, n'oubliez pas de relire/vérifier ce que vous avez écrit.	Wenn ihr fertig seid, denkt daran, zu überprüfen, was ihr geschrieben habt.
Regardez l'heure./Ne vous laissez pas surprendre par le temps.	Achtet auf die Zeit!
Vous avez assez de temps.	Ihr habt genug Zeit.

1.3 Disziplinieren

Le comportement	**Das Verhalten**
Chut! Silence, s.v.p.!	Psst! Ruhe bitte!
Taisez-vous/Tais-toi, maintenant!	Sei(d) jetzt still!
Attention, maintenant il faut bien écouter/regarder.	Hör(t) jetzt gut zu./Schau(t) aufmerksam zu/her!

Sois/Soyez vigilants.	Sei(d) aufmerksam/achtsam!
Concentre-toi./Concentrez-vous.	Konzentriere dich!/Konzentriert euch!
Tiens-toi/Assieds-toi correctement/comme il faut.	Setz dich vernünftig/ordentlich hin.
Redresse-toi.	Setz dich gerade hin.
Ne bavarde pas sans cesse avec ton voisin/ta voisine!/Cessez ces bavardages!	Quatsche nicht ständig mit deinem Nachbarn/deiner Nachbarin!
Baissez d'un ton! [travail en groupes]	Sprecht leiser! [Gruppenarbeit]
Ne mange(z) pas en classe/en cours!	Iss/Esst nicht im Unterricht!
Ne mâche(z) pas de chewing-gum en classe!/Pas de chewing-gum en classe!	Im Unterricht wird kein Kaugummi gekaut!/Kein Kaugummi im Unterricht!
Votre (salle de) classe est une vraie porcherie!	Euer Klassenzimmer ist ein richtiger Saustall!
Ramasse(z) les papiers qui traînent.	Hebe/Hebt das (ganze) Papier auf!
Jetez vos ordures à la poubelle avant de quitter la classe/de partir.	Schmeißt euren Müll weg, bevor Ihr den Klassenraum verlasst/ihr geht.
Je te défends de … .	Ich verbiete dir zu …
À la sonnerie, vous devez tous être en classe.	Wenn es klingelt, habt ihr alle im Klassenzimmer zu sein.
Je ne tolèrerai pas ce bruit.	Ich dulde diese Lautstärke nicht.
Travaillez en silence/à voix basse/dans le calme, s. v. p.	Arbeitet bitte still/leise!
Allez-vous enfin vous taire?	Seid endlich still!
Cessez ce vacarme.	Hört mit diesem Lärm auf!

Je vous prie de bien vouloir vous taire.	Ich möchte, dass es hier endlich mal still ist.
Si tu as quelque chose à dire, lève le doigt. / On lève le doigt quand on veut parler.	Wenn du etwas zu sagen hast, dann melde dich bitte!
Tu perturbes / déranges tes camarades / mon cours.	Du störst deine Mitschüler / meinen Unterricht.
Tu ne travailles pas et en plus tu gênes tes camarades.	Du arbeitest nicht und störst außerdem noch deine Mitschüler.
Ma patience a des limites!	Du strapazierst meine Geduld!
Ne sois pas insolent(e)!	Sei nicht (so) frech!
Dernier avertissement!	Letzte Warnung!
Tu es trop dispersé(e).	Dir gehen zu viele andere Dinge im Kopf herum.
Tu es distrait(e).	Du bist zerstreut.

Rappel à l'ordre pendant un contrôle	**Ermahnung während einer Klassenarbeit**
Garde les yeux sur ta copie / ta feuille / ton cahier.	Schau auf deine Arbeit.
Ne regarde pas la copie / la feuille / le cahier de ton voisin.	Sieh nicht auf die Arbeit deines Nachbarn.
Veux-tu mes lunettes? *(ton ironique)*	Willst du meine Brille haben? *(ironischer Ton)*
Arrête de parler et continue à travailler.	Hör auf zu reden und arbeite weiter.
X, travaille seul(e), s. t. p.	Arbeite bitte allein.
Si je te vois / vous vois copier sur ton / votre voisin, je te / vous prends ton / votre copie / feuille / cahier!	Wenn ich sehe, dass du / ihr von deinem / eurem Nachbarn abschreibst / abschreibt, nehme ich dir / euch die Arbeit ab!

Donne-moi ta copie / ta feuille / ton cahier.	Gib mir deine Arbeit!
Je ne tiendrai pas compte de cette partie du travail.	Diesen Teil der Arbeit werde ich nicht berücksichtigen.
Les mesures de discipline	**Disziplinarmaßnahmen**
Tu es collé(e) *(familier)* / retenu(e) mercredi.	Du wirst am Mittwoch nachsitzen.
Je vais convoquer tes parents.	Ich werde deine Eltern zu einem Gespräch einladen.
Viens t'asseoir au premier rang.	Setz dich bitte nach vorne.
Donne-moi ton cahier de correspondance, s.t.p	Gib mir bitte dein Mitteilungsheft.
Si j'entends encore un mot, je mets un commentaire / t'inscris dans le cahier de classe.	Noch ein Wort und ich trage dich ins Klassenbuch ein.
Tu as déjà reçu un avertissement.	Du bist bereits vorgewarnt worden.
le devoir supplémentaire	die Zusatzaufgabe
La prochaine fois, c'est le devoir supplémentaire!	Das nächste Mal bekommst du eine Zusatzaufgabe!
la punition	die Strafe

1.4 Motivieren, ermutigen, loben

Allez, vas-y!	Ja! Mach einfach! / Trau dich!
Tu vois que ça marche.	Siehst du, es geht.
Bien, tu fais vraiment des progrès. / Tu es en progrès.	Gut, du machst wirklich Fortschritte.
Je sais que tu peux le faire. / Je sais que tu en es capable.	Ich weiß, dass du dazu fähig bist / das kannst.

C'est déjà pas mal. Mais je sais que tu peux encore mieux faire.	Das ist schon nicht schlecht, aber ich weiß, dass du es noch besser kannst.
Ne te décourage pas.	Lass dich nicht entmutigen.
Tu es sur la bonne voie.	Du bist auf dem richtigen Weg.
C'est bien. / Bon travail!	Gut gemacht! *(Attention: Bien fait = Das geschieht dir recht!)*
C'est un point de vue intéressant.	Das ist ein interessanter Standpunkt.
Félicitations, tu as une excellente note!	Glückwunsch, du hast eine hervorragende Note!
Voilà un travail / devoir excellent / remarquable.	Du hast eine hervorragende Arbeit geschrieben.
Très bonne / excellente prononciation!	Sehr gute / hervorragende Aussprache!
Tes efforts sont récompensés. / Te voilà récompensé(e) de tes efforts.	Deine Bemühung hat sich gelohnt.

1.5 Beurteilen

Evaluer **Évaluation positive**	**Bewerten** **Positive Bewertung**
C'est juste / correct.	Das ist richtig. / Richtig!
Tu fais ton travail, tes devoirs sérieusement / consciencieusement.	Du machst deine Arbeit / Hausaufgaben sorgfältig.
Tu t'es complètement investi(e) dans le travail de groupe / pour la classe.	Du hast dich in der Gruppenarbeit / für die Klasse voll eingesetzt.
Tu t'es amélioré(e).	Du hast dich verbessert.
La participation orale est bien meilleure.	Die mündliche Mitarbeit ist viel besser geworden.

Je suis (très) content(e) de ton travail.	Ich bin mit deiner Leistung (sehr) zufrieden.
Ta participation en classe/cours est réjouissante/encourageante.	Deine zunehmende Mitarbeit im Unterricht ist erfreulich.
Tu t'es donné(e) beaucoup de peine./Tu as fait beaucoup d'efforts.	Du hast dich sehr angestrengt.
On voit que tu t'es bien préparé(e) à la séance/au cours d'aujourd'hui.	Man sieht, dass du dich auf die heutige (Unterrichts-)Stunde gut vorbereitet hast.
Évaluation négative	**Negative Bewertung**
Il faut absolument travailler pour combler tes lacunes.	Du musst unbedingt üben, um die Lücken zu schließen.
Voilà un travail insatisfaisant.	Diese Arbeit ist unbefriedigend.
C'est décevant.	Das ist enttäuschend.
Je ne suis pas satisfait(e) de ton travail.	Ich bin mit deiner Leistung unzufrieden.
Je ne suis absolument pas satisfait(e) de ta participation (orale) en classe/cours.	Ich bin mit deiner Mitarbeit im Unterricht/deiner mündlichen Leistung (wirklich) unzufrieden.
Il faut que tu fasses quelque chose/ que tu y travailles!	Daran musst du arbeiten!
Ta participation orale n'est pas (assez) régulière/a beaucoup diminué.	Deine mündliche Leistung ist zu unregelmäßig/ist abgefallen.
Ton travail laisse à désirer.	Deine Arbeit lässt zu wünschen übrig.
Tu peux mieux faire.	Du kannst es besser.
Tu pourrais en faire un peu plus, j'en suis persuadé(e).	Du könntest mehr tun, davon bin ich überzeugt.

Tu ne participes pas assez.	Du beteiligst dich kaum am Unterricht.
Ton niveau est bien trop faible.	Dein Leistungsstand ist viel zu schwach.
Si tu continues comme ça, ton passage en … sera compromis.	Wenn du so weitermachst, ist deine Versetzung in die … gefährdet.
Il faut te prendre en main!	Du musst dich zusammenreißen!
Les notes	**Noten**
Tu as un 2 à l'oral.	Mündlich hast du eine 2.
Tu as un 3 au devoir sur table.	In der Klausur hast du eine 3.
Ta moyenne est de 2 en français.	Du stehst 2 in Französisch.
J'ai mis un 4 à ce devoir.	Ich habe diese Arbeit mit 4 benotet.
Tu as tout juste la moyenne.	Du bekommst eine schwache 4.
Ton passage en … ne pose pas de problème/pose des problèmes.	Deine Versetzung ist (nicht) gefährdet.
redoubler une classe	sitzenbleiben
la grille d'évaluation	das Bewertungsschema
les critères (m.) d'évaluation	die Bewertungskriterien
Corriger **Langue**	**Korrigieren** **Sprache**
Attention à la conjugaison!	Achte(t) auf die Verbkonjugation/Verbformen!
Attention à l'accord du verbe/de l'adjectif.	Achte(t) auf die Angleichung des Verbs/Adjektivs.
La construction de la phrase n'est pas correcte.	Der Satzbau ist falsch.
Peux-tu formuler cette phrase différemment?	Kannst du diesen Satz anders formulieren?

Pardon? Je n'ai pas bien compris.	Wie bitte? Ich habe nicht verstanden.
Reformule la phrase, s. t. p.	Bilde den Satz bitte noch einmal.
Dans ce contexte, il faut trouver un autre mot de vocabulaire.	In diesem Zusammenhang braucht man eine andere Vokabel.
Le registre de langue n'est pas correct/approprié ici.	Das Sprachregister ist hier nicht richtig.
Pas mal, mais je dirais plutôt X/je préfère plutôt dire X.	Nicht schlecht, ich würde allerdings eher X sagen.
C'est juste/bien, mais ce serait mieux d'utiliser X.	Das ist richtig/gut, aber besser wäre es, wenn du X benutzt.
Attention à la concordance des temps!	Achte auf die Zeitangleichung!
De quel temps s'agit-il ici?	Mit welcher Zeit haben wir es hier zu tun?
Que veux-tu dire exactement?	Was möchtest du damit genau ausdrücken?
Surveille la qualité de l'expression.	Achte auf deinen Ausdruck!
C'est correct, mais c'est très familier.	Das Wort ist (semantisch) richtig, es ist aber sehr umgangssprachlich.
(L'expression) XY est familière. Il faut que tu choisisses un autre registre (linguistique) dans ton commentaire. Ici, on pourrait dire/écrire …	XY ist umgangssprachlich. Du musst in deinem Kommentar ein anderes Sprachregister wählen. Hier würde man … sagen/schreiben.
Inciter les élèves à s'autocorriger	**Schüler zur Selbst- und Fremdkorrektur anleiten**
C'est juste/faux?/Est-ce (que c'est) correct/faux?	Ist das richtig/falsch?
Ce n'est pas tout à fait correct. Réfléchis encore un peu.	Das ist nicht ganz richtig. Denk noch einmal nach./Überlege noch einmal.

Comment est-ce qu'on prononce ce mot?/Comment ce mot se prononce-t-il?	Wie spricht man dieses Wort aus?
Qui peut corriger la prononciation de ce mot?/Quelqu'un peut-il corriger la prononciation de ce mot?	Kann jemand die Aussprache dieses Wortes verbessern?
Ce mot est-il écrit correctement?	Ist das Wort richtig geschrieben?
Faut-il écrire *ils ont* ou *ils sont*?	Schreibt man *ils ont* oder *ils sont*?
Comment écrit-on *exemple*, avec un *e* ou avec un *a*?	Wie schreibt man *exemple*, avec un *e* ou un *a*?
Tu es sûr(e)/Vous êtes sûrs que cela s'écrit comme ça?	Bist du/Seid ihr sicher, dass man es so schreibt?
Pense/Pensez aux accents.	Denk/Denkt bitte an die Akzente!
Qui explique la signification de ce mot en français?	Wer erklärt die Bedeutung auf Französisch?
Avez-vous compris?/Est-ce que vous avez compris?	Habt ihr das verstanden?
Qui n'a pas compris?	Wer hat das nicht verstanden?
Qui peut expliquer cela autrement/différemment?	Wer kann das anders erklären?
Qui peut expliquer cela en français avec ses propres mots?	Wer kann das mit eigenen Worten auf Französisch erklären?
Qui connaît la traduction en allemand/en français?	Kennt/Weiß jemand die deutsche/französische Übersetzung?
Comment pourrait-on améliorer l'expression/la phrase/l'argumentation de Jana?	Wie könnte man Janas Ausdruck/Satz/Argumentation verbessern?
Attention! On dit: *il faut que* + … *(subjonctif)*	Vorsicht! Man sagt: *il faut que* + … *(subjonctif)* [vom Schüler/von der Schülerin vervollständigen lassen]

Corriger le contenu à l'oral (niveau avancé)	**Mündliche Beiträge inhaltlich korrigieren (Oberstufe / Fortgeschrittene)**
Dans ta / votre réponse, il y a des aspects corrects, mais je ne suis pas tout à fait d'accord avec la première / deuxième / dernière remarque.	Deine / Ihre Antwort beinhaltet richtige Aspekte; ich bin aber mit der ersten / zweiten / letzten Bemerkung nicht ganz einverstanden.
Ce que tu viens / vous venez de dire / mentionner, c'est bien, mais il y a une petite erreur à la fin.	Was du / Sie gerade gesagt / erwähnt hast / haben, ist gut, nur am Ende ist es nicht ganz richtig.
Il faudrait ajouter cet aspect pour compléter ton / votre argumentation.	Um deine / Ihre Argumentation zu ergänzen, sollte man diesen Aspekt hinzufügen.
Reformule / Reformulez ton / votre point de vue, s. t. p. / s. v. p.	Äußere / Äußern Sie bitte erneut deinen / Ihren Standpunkt.
Je ne suis pas d'accord avec ton / votre argumentation.	Ich bin mit deiner / Ihrer Argumentation nicht einverstanden.
Approfondis / Approfondissez un peu.	Vertiefe / Vertiefen Sie ein wenig.
Justifie/Justifiez ta/votre réponse / argumentation en citant / en te / vous basant sur le texte.	Begründe / Begründen Sie deine / Ihre Antwort / Argumentation, indem du / Sie den Text zitierst / zitieren.

2. Arbeitsformen und Aufgaben

2.1 Sozialformen: Einzel-, Partner- und Gruppenarbeit

On passe maintenant à …	Wir machen jetzt …
• … un travail en groupe/équipe / une activité collective.	• … eine Gruppenarbeit.
• … un puzzle de groupes.	• … ein Gruppenpuzzle.
• … un travail en binôme / avec un partenaire / en tandem.	• … eine Partnerarbeit.

• … un travail individuel / une activité individuelle.	• … eine Einzelarbeit.
Vous travaillez seuls / individuellement. / C'est chacun pour soi.	Ihr arbeitet / Sie arbeiten allein. / Jeder für sich.
Faites / Formez des groupes de trois / quatre personnes.	Bildet Gruppen à drei / vier Personen.
Travaillez par groupes de trois / quatre personnes./Organisez le travail en équipes de trois/quatre personnes.	Arbeitet zu dritt / viert.
Les cartes vous montrent quel est votre groupe. *(niveau débutant)* / Les cartes vous indiquent à quel groupe vous appartenez. *(niveau avancé)*	Die Gruppenkarten zeigen euch, in welcher Gruppe ihr arbeitet.
C'est un travail en autonomie / autonome.	Arbeitet selbstständig.
Vous enchaînez (les interventions).	Ihr macht / Sie machen eine Meldekette.
Vous vous interrogez les uns les autres.	Ihr nehmt euch gegenseitig dran.
On va diviser la classe en deux (groupes).	Wir teilen die Klasse in zwei Gruppen.

2.2 Die Aufgabe

la tâche	die Aufgabe (Lernaufgabe, Auftrag)
la consigne	die Aufgabe (Arbeitsanweisung)
l'exercice (m.)	die Übung
Voici la consigne … / La consigne est la suivante: …	Die Aufgabe ist folgende: …
Votre travail consiste à trouver / analyser / décrire / comparer …	Eure Aufgabe besteht darin, … zu finden / analysieren / beschreiben / vergleichen …

Remplissez les trous du texte (texte à trous).	Füllt die Lücken im Text (Lückentext) aus.
Remplissez le fond de carte.	Füllt die Karte aus.
Faites les mots croisés.	Löst das Kreuzworträtsel.
Dans un premier temps/D'abord, … Puis … Enfin/Pour finir …	Zuerst … Dann … Schließlich …
Prenez des notes.	Macht euch Notizen.
Notez les arguments de vos camarades.	Notiert euch die Argumente eurer Mitschüler.
Vous êtes les experts du thème/de …	Ihr seid die Experten für …
Vous travaillez sur …	Ihr arbeite an …
Vous avez X minutes pour la première phase de travail.	Ihr habt X Minuten für die erste Arbeitsphase.
Surveillez l'heure!	Achtet auf die Zeit (die ihr zur Verfügung habt).
Ne vous pressez pas trop, vous avez le temps.	Beeilt euch nicht zu sehr, ihr habt Zeit.
Prenez votre temps.	Lasst euch Zeit.
Changez de rôle.	Tauscht die Rollen.
Parlez à voix basse pendant le travail en groupe.	Sprecht bitte leise während der Gruppenarbeit.
Si possible, aidez vos camarades!	Helft euren Mitschülern, wenn ihr könnt.
Inscrivez les résultats de votre travail sur un panneau de présentation/sur un transparent.	Schreibt die Ergebnisse eurer Arbeit auf ein Plakat/eine Folie.

2.3 Gelenkstellen des Unterrichts

Faisons tout d'abord un petit exercice de mise en route/ d'échauffement.	Machen wir zuerst eine kleine Aufwärmübung.
Voici nos objectifs pour aujourd'hui: …	Folgendes nehmen wir uns für heute vor: …
Je vous présente le programme d'aujourd'hui/de la semaine.	Das ist unser Programm/Vorhaben für heute/diese Woche.
On en a déjà parlé, qui peut de nouveau expliquer cette idée/ce concept?	Darüber haben wir schon gesprochen, wer kann diese Idee/dieses Konzept noch einmal erläutern?
Rappelez-vous ce que nous avons dit la dernière fois.	Erinnert euch an das, was wir das letzte Mal gesagt haben.
Qui peut nous rappeler le sujet/ thème de notre cours?	Wer kann uns noch einmal das Unterrichtsthema nennen?
Je pense que je ne me suis pas exprimé(e) clairement. Je vais essayer de le dire différemment.	Ich denke, dass ich mich nicht klar genug ausgedrückt habe. Ich versuche es anders.
Après avoir analysé/discuté/… continuons maintenant avec …	Nach der Analyse/Diskussion/… machen wir jetzt weiter mit …
Passons maintenant à la discussion/ à la phase suivante de notre travail/de notre heure de cours.	Kommen wir jetzt zu der Diskussion/ nächsten Phase unserer Arbeit/ Stunde.
Merci de bien vouloir accrocher vos résultats/panneaux/noter vos idées au tableau.	Zeigt bitte jetzt eure Ergebnisse und hängt eure Plakate auf/schreibt eure Ideen an die Tafel.
Voyons maintenant vos résultats.	Schauen wir uns jetzt die Ergebnisse an.
Pour approfondir ce qu'on a dit/lu, on va maintenant …	Zur Vertiefung wollen wir jetzt …

2.4 Arbeitsformen / Methoden

La méthode (du) puzzle	**Das Gruppenpuzzle**
le groupe de recherche	die Stammgruppe
le groupe d'experts	die Expertengruppe
Chaque élève est un expert dans l'un des sujets.	Jede(r) Schüler(in) ist ein(e) Experte / Expertin für ein Thema.
le sujet général / principal	das Hauptthema
le sous-thème	das Teilthema
l'entretien / la discussion sur la conception / planification du travail	das Planungsgespräch
La méthode (du) puzzle va vous permettre de travailler collectivement et de façon autonome sur le sujet X.	Das Gruppenpuzzle ermöglicht eine selbstständige und kooperative Arbeit mit / an dem Thema X.
Discuter	**Diskussionen**
Discutez vos idées en groupe.	Diskutiert in Gruppen über eure Ideen.
Nous allons procéder à un débat / une discussion.	Wir führen jetzt eine Debatte / machen jetzt eine Diskussionsrunde.
Le présentateur / La présentatrice doit …	Der Moderator / Die Moderatorin soll …
• … animer le débat,	• … die Debatte moderieren,
• … présenter rapidement le thème (de la discussion),	• … das Thema (der Diskussion) kurz vorstellen,
• … présenter les invités / les participants.	• … die Gäste / Teilnehmer vorstellen.
Notez vos arguments sur une fiche.	Notiert eure Argumente auf einem Zettel.
N'écrivez pas de phrases complètes afin de ne pas lire pendant la discussion.	Schreibt keine vollständigen Sätze, damit ihr während der Diskussion nicht ablest.

Le jeu de rôle	**Rollenspiel**
faire du théâtre	Theater spielen
Jouer le rôle de ...	Die Rolle von ... spielen.
distribuer les rôles	Rollen verteilen
la réplique	die Antwort/die Gegenrede
Mettez-vous dans la peau du personnage que vous allez jouer.	Versetzt euch in die Lage der Figur/der Person, die ihr darstellt.
Essayez de vous identifier avec votre rôle.	Versucht euch mit eurer Rolle zu identifizieren!
Quelles sont les caractéristiques de ce personnage/rôle?	Was hat diese Figur/Rolle für besondere Merkmale?
Quelle est la relation de votre personnage avec les autres?	Wie ist die Beziehung eurer Figur zu den anderen?
Que pourrait dire le personnage dans ce rôle?	Was könnte die Figur in dieser Rolle sagen?
Rédigez une carte de rôle en prenant des notes.	Schreibt eine Rollenkarte mit Notizen.
Ne lisez pas votre texte mais jouez-le.	Lest euren Text nicht ab, sondern spielt ihn!
Parlez librement (le plus librement possible) et réagissez aux répliques de vos camarades.	Sprecht frei (so frei wie möglich) und reagiert auf die Gegenreden eurer Mitspieler!
Soyez spontanés/naturels.	Seid spontan/natürlich!
Regardez votre partenaire. Exprimez-vous aussi avec des mimiques/la gestuelle.	Schaut euren Partner an! Drückt euch auch mit Mimik und Gestik aus!
Pensez aux expressions du visage et aux gestes.	Denkt an Mimik und Gestik.
Soyez vivants!	Seid lebhaft!
À vous de jouer!/C'est parti, c'est à vous de jouer!	Ihr seid dran! Los geht's!

Tous en scène!	Es wird jetzt Theater gespielt!/ Bühne frei!
Le tableau figé	**Standbild**
Nous allons transposer un passage/ un extrait de la pièce de théâtre/du roman/de la nouvelle/du poème en tableau figé.	Wir übertragen eine Textpassage/ einen Auszug aus dem Drama/dem Roman/der Novelle/des Gedichts in ein Standbild.
Cela permettra de voir comment vous interprétez les relations entre X et Y.	Damit können wir sehen, wie ihr die Beziehungen zwischen X und Y interpretiert.
Lisez l'extrait ... (page ... aux lignes ... à ...)/la scène ...	Lest den Auszug ... (Seite ... . Zeile ... bis ...)/die Szene ...
Représentez la relation entre les personnages X et Y au moyen d'un tableau figé.	Stellt die Beziehung zwischen den Figuren X und Y in einem Standbild dar.
Formez des tableaux figés pour représenter la relation entre les personnages/les protagonistes dans la première et la dernière scène de la pièce.	Bildet Standbilder, um die Beziehung zwischen den Figuren/ Protagonisten in der ersten und der letzten Szene des Stückes darzustellen.
Distribuez les rôles./Décidez qui va représenter quel personnage dans le tableau figé.	Verteilt die Rollen./Entscheidet, wer welche Figur im Standbild darstellen soll.
Notez tout ce que vous savez sur ce personnage. (Comment se sent-il? Quelles sont ses relations avec les autres?)	Notiert euch alles, was ihr über diese Figur wisst. (Wie fühlt sie sich? Wie ist ihre Beziehung zu den anderen?)
Réfléchissez ensemble à la représentation de la relation entre les personnages.	Überlegt gemeinsam, wie ihr die Beziehung zwischen den Figuren darstellen könntet.
Le sculpteur/metteur en scène forme le tableau figé et corrige la position/ l'attitude/les mimiques et les gestes des différents personnages.	Der Bildhauer/Regisseur bildet das Standbild und korrigiert die Stellung/Haltung/die Mimik und Gestik der verschiedenen Figuren.

Les personnages du tableau figé peuvent dire dans leur position à quoi ils sont en train de penser dans leur rôle.	Die Standbildfiguren können aus ihren Haltungen heraus sagen, was sie in ihrer Rolle gerade denken.
Consignes d'observation	**Beobachtungsaufträge**[2]
Observez le tableau figé pendant une minute et essayez de trouver quel personnage/quelle scène du drame/du roman y est représenté(e). Justifiez vos hypothèses.	Beobachtet eine Minute lang das Standbild und versucht herauszufinden, welche Figur/welche Szene aus dem Drama/dem Roman dargestellt wird. Begründet eure Vermutungen.
Décrivez ce que vous voyez.	Beschreibt, was ihr seht.
Que peut-on dire sur la relation entre les personnages représentée dans le tableau figé? Comment peut-on interpréter cette relation? Est-ce que cela correspond au texte d'origine?	Was kann man über die Beziehung der Figuren anhand des Standbilds sagen? Wie lässt sich die Beziehung interpretieren? Entspricht es dem Originaltext?
Quelle partie du texte est mise en relief?	Welche Textstelle wird hervorgehoben?
L'atelier tournant	**Stationenlernen**
un atelier	eine Station
l'atelier obligatoire	die Pflichtstation
l'atelier facultatif	die freiwillige Station
Il y a des ateliers au choix.	Es gibt Wahlstationen.
Il y a un ordre à respecter.	Es gibt eine Reihenfolge, die eingehalten werden soll.
L'ordre des ateliers sur lesquels vous travaillez n'est pas important.	Die Reihenfolge der zu bearbeiteten Stationen ist unwichtig.

[2] Ergänzende Beobachtungsaufträge in Grieser-Kindel/Henseler/Möller (2013): *Le guide des méthodes. 33 Methoden für einen kooperativen und individualisierenden Französischunterricht in den Klassen 5 – 12. Paderborn: Schöningh.* S. 219–224.

la fiche de contrôle / la fiche atelier	der Laufzettel
la fiche de solutions	der Lösungszettel
Cochez les ateliers sur lesquels vous avez travaillé.	Hakt die Stationen ab, an denen ihr gearbeitet habt.
Inscrivez la date à laquelle vous avez travaillé sur cet atelier.	Tragt (das Datum) ein, wann ihr die Station bearbeitet habt.
Préparez un dossier avec les résultats des ateliers sur lesquels vous avez travaillé.	Bereitet eine Mappe mit den Ergebnissen der bearbeiteten Stationen vor.
Présenter son travail	**Präsentation**
C'est à vous maintenant de présenter vos résultats / vos idées.	Jetzt seid ihr an der Reihe und stellt eure Ergebnisse / Ideen vor.
Les porte-paroles vont présenter les résultats de leur groupe.	Die Gruppensprecher präsentieren die Arbeitsergebnisse ihrer Gruppen.
Expliquez votre panneau / votre affiche.	Erläutert euer Plakat.
Pour le jeu de rôle	**Für das Rollenspiel**[3]
Présentez votre mise en scène / jeu de rôle à la classe.	Führt der Klasse eure Inszenierung / euer Rollenspiel vor.
Pendant la présentation, la classe observe	Während der Aufführung beobachtet die Klasse,
• si les acteurs parlent librement (sans lire),	• ob die Schauspieler frei sprechen (ohne abzulesen),
• s'ils regardent leur(s) partenaire(s),	• ob sie ihre(n) Partner anschauen,
• s'ils parlent distinctement / assez fort,	• ob sie deutlich / laut genug sprechen,
• s'ils utilisent des stratégies de communication pour s'exprimer (gestuelle, mimiques, paraphrase …).	• ob sie Kommunikationsstrategien anwenden (Gestik, Mimik, Paraphrase …).

---

[3] Siehe auch Lamers-Etienne / Schulze-Wettendorf, Rollenspiele. In: Krechel, *Französisch unterrichten: planen, durchführen, reflektieren.* S. 119.

En dehors de cela/En plus, la classe vérifie la qualité linguistique (lexique, grammaire).

Außerdem überprüft die Klasse die sprachliche Qualität (Wortschatz, Grammatik).

Pour les tableaux figés

Für die Standbilder[4]

Présentez votre tableau figé à la classe/au groupe.

Stellt euer Standbild der Klasse/der Gruppe vor.

Gardez le tableau figé pendant une minute pour que tout le monde puisse bien voir/ait le temps de bien regarder.

Verharrt in dem Standbild für eine Minute, damit es sich jeder gut/in Ruhe ansehen kann.

Les spectateurs doivent deviner

- quels personnages sont représentés dans le tableau figé,
- quelle scène du drame/du roman est représentée.

Die Zuschauer sollen erraten,

- welche Figuren in dem Standbild dargestellt werden,
- welche Szene aus dem Drama/Roman dargestellt wird.

Demandez à la classe ce qu'elle a vu/ce qu'elle voudrait savoir.

Fragt eure Mitschüler, was sie gesehen haben/was sie gern wissen möchten.

Répondez aux questions en expliquant les choix que vous avez faits.

Beantwortet die Fragen, indem ihr euer Standbild erläutert.

Commentez l'interprétation qu'on vous a montrée et proposez vos alternatives/d'autres possibilités.

Kommentiert die vorgestellte Interpretation und schlagt Alternativen/andere Möglichkeiten vor.

Résumer

Zusammenfassen

Qui peut résumer les aspects abordés dans la discussion?

Wer kann die in der Diskussion besprochenen Aspekte zusammenfassen?

Quels sont les points essentiels à retenir?

Welche wesentlichen Gesichtspunkte sollen wir festhalten?

Quels sont, selon vous, les points importants à noter au tableau.

Welche wichtigen Gesichtspunkte würdet ihr an der Tafel festhalten?

---

[4] Siehe auch Grieser-Kindel, *Le guide des méthodes*. S. 219-223.

Faut-il ajouter d'autres aspects/ Y a-t-il des aspects à ajouter?	Sollen wir weitere Aspekte hinzufügen/ergänzen?
Avez-vous des questions/ suggestions/propositions à faire?	Habt ihr Fragen/Vorschläge?
N'oublions pas cet aspect important.	Vergessen wir diesen wichtigen Gesichtspunkt nicht.
Évaluer	**Evaluation**
Qu'est-ce que vous avez appris grâce à cette (nouvelle) méthode?	Was habt ihr mit dieser (neuen) Methode gelernt?
Qui a aimé cette méthode? Pourquoi?	Wem hat diese Methode zugesagt/ gefallen? Warum?
Comment le travail s'est déroulé dans le groupe?	Wie lief die Zusammenarbeit/die Arbeit in der Gruppe?
À votre avis, pourquoi?/Savez-vous pourquoi?	Welche Gründe gibt es eurer Meinung nach dafür?/Wisst ihr warum?
Qu'est-ce que vous pourriez améliorer la prochaine fois?	Was könntet ihr das nächste Mal verbessern?
Avez-vous des idées/des propositions pour améliorer votre travail?	Habt ihr Ideen/Vorschläge, wie ihr eure Arbeit verbessern könnt?
D'après vous, quel était l'objectif de ce cours?	Was war eurer Meinung nach das Ziel der heutigen Stunde?
la méthode du feu tricolore	die Ampelmethode
Pour évaluer rapidement le cours d'aujourd'hui, je vous demande de bien vouloir montrer l'une des trois cartes de couleur:	Um die heutige Unterrichtsstunde kurz zu evaluieren, bitte ich euch, eine dieser drei Farbkarten zu zeigen:
• la carte verte montre que vous êtes satisfaits/vous avez compris l'essentiel,	• die grüne Karte zeigt an, dass ihr zufrieden seid /dass ihr das Wesentliche verstanden habt,
• la carte orange indique que vous avez encore des questions/des suggestions à faire,	• die orangefarbene Karte zeigt an, dass es noch Fragen/Vorschläge gibt,

• la carte rouge montre que vous êtes insatisfaits / que vous auriez souhaité …	• die rote Karte zeigt an, dass ihr unzufrieden seid / dass ihr lieber … / dass ihr euch gewünscht hättet, dass / zu …
Justifiez votre avis de façon constructive.	Begründet bitte eure Meinung konstruktiv.

3. Sprachunterricht gestalten

3.1 Aussprache

Prononce bien / clairement les mots (français) et parle lentement.	Sprich die (französischen) Wörter deutlich und richtig aus.
Attention à la prononciation!	Achte(t) auf die Aussprache!
Répète et soigne la prononciation!	Sag das noch einmal und achte dabei auf deine Aussprache!
Pourrais-tu répéter et en même temps soigner ta prononciation?	Könntest du das wiederholen und dabei auf deine Aussprache achten?
Ta prononciation s'est (nettement) améliorée.	Deine Aussprache ist (viel) besser geworden.
Tu as une très bonne prononciation / une prononciation très claire.	Du hast eine sehr gute / deutliche Aussprache.
Il faut travailler la prononciation!	Ihr müsst die Aussprache üben!
un exercice de prononciation	eine Ausspracheübung
Écoute et répète exactement ce que tu entends.	Hör zu und wiederhole genau (das), was du hörst.
Lis à haute voix en même temps que tu écoutes le texte.	Lies laut vor, während du gleichzeitig den Text hörst.
Est-ce que quelqu'un a remarqué la faute de prononciation?	Hat jemand den Aussprachefehler bemerkt?
Corrigez la prononciation de vos camarades (pendant la lecture).	Verbessert die Aussprache eurer Mitschülerinnen und Mitschüler.

un virelangue (une phrase difficile à prononcer)	ein Zungenbrecher

3.2 Rechtschreibung und Zeichensetzung

Épelle les mots.	Buchstabiere die Wörter.
les signes de ponctuation	die Satzzeichen
Dicte aussi la ponctuation (point, virgule, point d'exclamation/d'interrogation, les guillemets (m.)).	Diktiere auch die Satzzeichen (Punkt, Komma, Fragezeichen/Ausrufezeichen, Anführungszeichen).
mettre un point à la fin de la phrase	einen Punkt am Ende des Satzes setzen
mettre un mot entre parenthèses/entre guillemets	ein Wort in Klammern/in Anführungszeichen setzen
ouvrir les guillemets	Anführungszeichen unten
fermer les guillemets	Anführungszeichen oben
On écrit ce mot avec une majuscule/une minuscule./Ce mot prend une majuscule/une minuscule.	Dieses Wort wird groß/klein geschrieben.
ouvrir la parenthèse	Klammer auf
fermer la parenthèse	Klammer zu
Les mots qui se terminent par *au*, prennent un *-x* au pluriel.	Wörter, die auf *-au* enden, tragen ein *-x* im Plural.

3.3 Grammatikarbeit

la démarche inductive	die induktive Methode
Cherchez les formes de conjugaison du verbe … dans le texte.	Sucht im Text die Verbformen von … heraus.
Comment se conjuguent les verbes/Qu'en déduisez-vous pour les verbes en *-er*/*-ir*/*-dre* …?	Was schließt ihr daraus für die Konjugation der Verben auf *-er*/*-ir*/*-dre* …?

Formulez une règle pour la formation des verbes en ...	Formuliert eine Regel für die Bildung der Verben auf ...
Formulez une règle pour l'usage des adjectifs possessifs.	Formuliert eine Regel für den Gebrauch der Possessivbegleiter.
Expliquer la grammaire: les règles et les exceptions	**Grammatik erklären: Regeln und Ausnahmen**
Le *genre* du mot/Le *temps* du verbe est le terme exact.	Der richtige Terminus lautet „Genus"/„Tempus".
Pour former une phrase, il faut un verbe. *Il en vacances* n'est pas une phrase.	Um einen Satz zu bilden, benötigt man ein Verb. *Il en vacances* ist kein Satz.
La plupart des mots se terminant/qui se terminent par *-tion* sont féminins.	Die meisten Wörter, die auf *-tion* enden, sind weiblich.
Il y a/existe des exceptions: par exemple des mots masculins qui, comme *amour* ou *délice*, deviennent féminin au pluriel.	Es gibt Ausnahmen: z. B. männliche Wörter, die wie *amour* oder *délice* im Plural weiblich sind.
Il existe en français trois groupes verbaux: Ce sont les verbes du premier groupe (les verbes en *-er*), du deuxième groupe *(-ir)* et du troisième groupe *(-re)*.	Im Französischen gibt es drei Konjugationsgruppen: die Verben auf *-er*, die Verben auf *-ir* und die Verben *-re*.
Répondre et *perdre* se conjuguent comme *attendre*.	*Répondre* und *perdre* werden wie *attendre* konjugiert.
Le subjonctif n'est pas un temps mais un mode.	Der *subjonctif* ist keine Zeit (Tempus), sondern ein Modus.

3.4 Wortschatzarbeit / Strategien

Le vocabulaire	**Der Wortschatz**
les mots de vocabulaire	die Vokabeln
Comment est-ce que vous apprenez le vocabulaire habituellement?	Wie lernt ihr normalerweise Vokabeln?

Qui connaît une autre méthode pour apprendre le vocabulaire?	Wer kennt eine andere Methode, um Vokabeln zu lernen?
Apprenez le vocabulaire (par cœur) / mémoriser le vocabulaire.	Lernt die Vokabeln (auswendig).
Apprenez dans un contexte / une phrase.	Lernt im Kontext / in einem Satzzusammenhang.
Pour mieux apprendre le vocabulaire, vous pouvez écrire un synonyme ou un antonyme du mot.	Um die Vokabeln leichter zu lernen, könnt ihr ein Synonym oder ein Antonym des Wortes aufschreiben.
Quand vous apprenez le vocabulaire, n'oubliez pas de noter le genre du mot.	Wenn ihr Vokabeln lernt, vergesst nicht, das Genus mit aufzuschreiben.
Écrivez les définitions pour apprendre le vocabulaire de manière encore plus efficace.	Schreibt die Definition auf, um das Vokabular noch effizienter zu üben.
Associez les nouveaux mots à des images.	Verbindet die neuen Vokabeln mit Bildern.
Écrivez le nouveau vocabulaire dans un cahier de vocabulaire / un fichier.	Tragt die neuen Vokabeln in ein Vokabelheft ein. / Schreibt die neuen Vokabeln auf Vokabelkarten.
Utilisez le nouveau vocabulaire dans un petit texte.	Wendet die neuen Vokabeln in einem kleinen Text an.
Écrivez un petit texte avec dix mots du nouveau vocabulaire.	Schreibt einen kleinen Text mit zehn der neuen Vokabeln.
Il y a d'autres mots de la même famille, comme …	Andere Wörter der Wortfamilie sind …
Est-ce que quelqu'un connaît / Quelqu'un connaît-il un mot provenant de la même famille?	Kennt jemand ein Wort, das zu derselben Wortfamilie gehört?
C'est quasiment le même mot en anglais.	Auf Englisch ist es fast dasselbe Wort.

Cherchez, si (c'est) nécessaire, dans le dictionnaire/le glossaire du manuel/livre.	Wenn es nötig ist, könnt ihr im Wörterbuch/im Glossar des Buches nachschlagen.
le champ sémantique	das Bedeutungsfeld
le champ lexical	das Wortfeld
Dressez un champ lexical autour du thème de *l'école*.	Erstellt ein Wortfeld zum Thema *Schule*.
Voici d'autres mots de ce champ lexical comme …	Andere Wörter aus dem Wortfeld sind …
Ici, *chanter* veut dire «singen». Mais il peut avoir une autre signification dans d'autres contextes.	Hier bedeutet das Wort *chanter* „singen“. In anderen Kontexten kann es eine andere Bedeutung haben.
Apprendre en jouant	**Lernspiele**[5]
Faisons un petit jeu pour réviser le vocabulaire!	Lasst uns ein kleines Spiel spielen, um den Wortschatz zu wiederholen.
Est-ce que vous connaissez ce jeu?	Kennt ihr das Spiel?
C'est à qui?/À qui le tour?	Wer ist dran?
C'est à moi/mon tour?	Bin ich dran?
Non, c'est le tour de ton voisin/c'est à ton voisin.	Nein, dein Nachbar ist an der Reihe.
Et maintenant, que faisons-nous?	Was machen wir jetzt?
Que se passe-t-il maintenant dans le jeu?	Wie geht das Spiel weiter?
le bingo des chiffres	Zahlenbingo
Le jeu du vocabulaire: Faites deviner un nouveau mot de vocabulaire à vos camarades. Vous pouvez expliquer/décrire le mot, le dessiner, le montrer ou le mimer.	Das Vokabelspiel: Lasst eure Mitschüler eine neue Vokabel erraten. Ihr dürft sie erläutern/beschreiben, zeichnen, zeigen oder pantomimisch darstellen.

[5] Siehe auch Wehage, Lernspiele. In: Krechel, *Französisch unterrichten: planen, durchführen, reflektieren.* S. 136–140.

Posez une devinette / Faites deviner un mot / une expression à vos camarades.	Gebt der Klasse ein Worträtsel auf.
Je vois quelque chose que tu ne vois pas.	Ich sehe was, was du nicht siehst.
la dictée à distance	Laufdiktat
le pendu	Galgenmännchen
Guide-moi!	Blinde Kuh
Votre camarade a les yeux bandés.	Euer Mitschüler / Eure Mitschülerin hat die Augen verbunden.
Vous lui indiquez le chemin pour aller de A à B.	Ihr zeigt ihm / ihr den Weg von A nach B.
Soyez précis / le plus précis possible.	Seid dabei möglichst genau!
Retrouvez les paires! Je fais ma valise …	Findet die Paare wieder! Ich packe meinen Koffer …
le baccalauréat	Stadt, Land, Fluss
Le jeu des conjugaisons: pour jouer à ce jeu, il vous faut deux dés par groupe.	Das Konjugationsspiel: Ihr benötigt für das Spiel zwei Würfel pro Gruppe.
C'est à toi de jouer! Jette / Lance les dés!	Du bist dran! Würfle!
Alors, c'est parti!	Und los geht's!
À vos marques, prêts, partez!	Auf die Plätze, fertig, los!
À la une, à la deux, à la trois!	Eins, zwei, drei (los)!
Les stratégies	**Strategien**
paraphraser …	umschreiben / paraphrasieren …
• à l'aide d'un terme générique: C'est une forme de «…»	• durch einen Oberbegriff: Es ist eine Form von „…"
• à l'aide d'une simplification: C'est un mot pour «…» / Cela veut dire «…»	• durch Vereinfachung: Es ist ein Wort für „…" / Es bedeutet „…"

• à l'aide du contraire: C'est le contraire de «…»/Quand on n'est pas … , on est …	• durch das Gegenteil: Es ist das Gegenteil von „…"/Wenn man nicht … ist, ist man …
• à l'aide de la négation: Ce n'est pas «…» ,mais …	• durch die Verneinung: Es ist nicht „…", aber …
• à l'aide d'une proposition relative: C'est une personne/quelqu'un/une chose/un truc/quelque chose /… qui/que …/C'est un endroit où …	• durch einen Relativsatz: Es ist eine Person/jemand/eine Sache/ein Ding/etwas/… , die/der/den/das … /Es ist ein Ort, wo …
Trouve(z) les mots de la même famille.	Finde(t) andere Wörter aus dieser Wortfamilie.
Trouve(z) le mot à partir d'une explication/description. Utilise(z) des mots charnières.	Finde(t) das Wort mithilfe einer Erklärung/Beschreibung. Verwende(t) Bindewörter.
Trouve(z)/Cherche(z) un antonyme (un mot à signification contraire)/un synonyme (un mot de même signification).	Finde(t)/Suche/Sucht ein Antonym (Gegensatzwort)/ein Synonym (Wort mit gleicher Bedeutung).
Cherche(z) l'intrus.	Suche/Sucht den Eindringling.
Fais/Faites/Dessine(z) un filet de mots/une carte heuristique sur le thème de *l'école*.	Mach(t)/Male /Malt ein Wortnetz /eine Mindmap zum Thema *Schule*.
Faites les mots croisés/les mots mêlés (les mots cachés).	Löst das Kreuzworträtsel/das Wortgitter (die „Wörtersuche").
Un puzzle de lettres en forme de serpent.	eine Wortschlange

3.5 Umgang mit fiktionalen und nicht-fiktionalen Texten

La technique de lecture **La lecture sélective/l'écrémage**	**Die Lesetechnik** **Skimming**
Survole(z) le texte une première fois et dis/dites en une phrase de quoi il s'agit.	Überflieg(t) den Text und sag(t) in einem Satz, um was es geht.

Faites une lecture rapide et dégagez le sujet du texte.	Lest euch den Text kurz durch und beschreibt das Thema.
La lecture de repérage	**Scanning**
Parcourez le texte et cherchez les passages qui … / dans lesquels on parle de …	Überfliegt den Text und sucht die Textstellen heraus, die … / in denen über … gesprochen wird.
Cherche(z) les mots-clés du texte.	Such(t) die Schlüsselwörter aus dem Text heraus.
La lecture cursive / rapide	**Kursorische (flüchtige) Textlektüre**
Lisez le texte en diagonale.	Lest den Text diagonal.
Lisez le texte d'un seul trait / en une fois.	Lest den Text auf einmal durch.
La lecture détaillée / intensive	**Detaillierte / intensive Lektüre**
Lisez le texte de façon détaillée.	Lest den Text genau / aufmerksam durch.
La lecture analytique / approfondissement	**Analytische / vertiefte Lektüre**
Lisez le texte de manière approfondie et analysez les aspects suivants …	Lest den Text gründlich durch und analysiert folgende Aspekte …
Citez correctement le texte.	Zitiert den Text fehlerfrei.
N'oubliez pas de citer le texte.	Vergesst nicht, den Text zu zitieren.
Indiquez les références exactes au texte de base.	Verweist auf die richtigen Textbezüge.
Travail sur le texte (opérateurs)	**Textarbeit (Operatoren)**[6]
	(Anforderungsbereich I)
décrire	beschreiben
• Décrivez les rapports entre la mère et sa fille présentés dans le passage du texte.	• Beschreibt die Beziehung zwischen der Mutter und ihrer Tochter, die im Textauszug dargestellt wird.

[6] Siehe Übersicht über die Operatoren vom Schulministerium (www.standardsicherung.schulministerium.nrw.de/abitur-gost/fach.php?fach=5).

exposer • Expose(z) brièvement les raisons du conflit dans la scène.	darstellen • Stell(t) kurz die Gründe des Konflikts in der (vorgegebenen) Szene dar.
indiquer/désigner/faire ressortir d'une manière précise • Indiquez le sujet de l'interview dans l'article.	(be)nennen/bezeichnen/genau herausstellen • Nennt das Thema des Interviews im Artikel.
présenter • Présentez la situation du personnage principal dans l'extrait du roman.	wiedergeben • Gebt die Situation des Protagonisten im Romanauszug wieder.
résumer • Résume(z) le texte/le passage/l'extrait/la scène.	zusammenfassen • Fass(t) den Text/die Passage/den Auszug/die Szene zusammen.
	(Anforderungsbereich II)
analyser • Analysez l'attitude de la fille envers sa mère.	analysieren • Analysiert das Verhalten der Tochter gegenüber der Mutter.
caractériser • Caractérisez la stratégie de communication utilisée par X dans le dialogue.	erläutern • Erläutert die Kommunikationsstrategie, die X im Dialog verwendet.
comparer • Comparez l'attitude du personnage X avec celle de Y dans le roman étudié en classe.	vergleichen • Vergleicht das Verhalten von X mit dem von Y in dem im Unterricht besprochenen Roman.
dégager • Dégagez les étapes de la réflexion de Meursault le jour de son exécution.	herausstellen • Stellt Meursaults Reflexionsphasen am Tag seiner Hinrichtung heraus.
étudier (de façon détaillée) • Étudiez les causes de … telles qu'elles sont présentées dans l'article de …	(gründlich) erschließen • Erschließt die Ursachen von … , so wie sie im Artikel von … dargestellt werden.

examiner (de plus près)
- Examinez l'évolution psychologique des trois personnages principaux dans *Huis Clos*.

analysieren (genauer)
- Analysiert die psychologische Entwicklung der drei Protagonisten in *Huis Clos*.

expliquer
- Expliquer le comportement du personnage X dans la scène.

erklären
- Erklärt das Verhalten der Figur X in der Szene.

faire le portrait d'une personne
- Faites le portrait de X en vous appuyant aussi sur vos connaissances du roman.

eine Person charakterisieren
- Charakterisiert X, indem ihr euch auch auf eure Romankenntnisse stützt.

préciser
- Précisez la signification du terme «…» dans le contexte du roman.

erläutern
- Erläutert die Bedeutung des Begriffs „…" im Zusammenhang des Romans.

(Anforderungsbereich III)

commenter
- Commente le jugement que porte l'auteur de l'article sur … et justifie ton opinion.

(kritisch) Stellung nehmen
- Nimm (kritisch) Stellung zur Meinung des Autors des Artikels zu … Begründe deine Meinung.

discuter
- Discutez l'attitude du personnage principal à la fin du film.

sich auseinandersetzen mit
- Setzt euch mit dem Verhalten des Protagonisten am Ende des Films auseinander.

juger
- Juge(z) le comportement du jeune homme/la décision prise par le personnage principal à la fin du film.

bewerten
- Bewerte(t) das Verhalten des jungen Mannes/die Entscheidung des Protagonisten am Ende des Films.

justifier
- Partagez-vous l'opinion de X? Justifiez votre réponse.

begründen
- Teilt ihr die Meinung von X? Begründet eure Antwort.

peser le pour et le contre/raisonner
- Pesez le pour et le contre d'une séparation des deux personnages du roman.

abwägen
- Wägt das Für und Wider der Trennung der Romanfiguren ab.

vérifier/discuter • Vérifiez/Discutez la thèse selon laquelle …	überprüfen • Überprüft die These, die besagt, dass …

3.6 Umgang mit Medien

Chansons	**Lieder**
Aujourd'hui, nous allons écouter une chanson.	Heute hören wir ein Lied.
Nous allons travailler sur une chanson.	Wir beschäftigen uns mit einem Lied/Chanson.
Qui connaît l'interprète de la chanson/le chanteur/la chanteuse?	Wer kennt den Sänger/die Sängerin?
Quel est le style de musique?	Um welche Musikrichtung handelt es sich?
Aimez-vous ce style de musique?	Gefällt euch diese Musikrichtung?
Est-ce que vous avez déjà entendu cette chanson?	Habt ihr dieses Lied schon gehört?
Quels/Quelles autres chanteurs/chanteuses francophones connaissez-vous?	Welche anderen frankophonen Sänger(innen) kennt ihr?
Écoutez la chanson une première fois et notez les instruments que vous entendez/reconnaissez.	Hört euch das Lied ein erstes Mal an und notiert euch, welche Musikinstrumente ihr erkennen könnt.
Quels instruments est-ce qu'on entend dans la chanson?	Welche Instrumente werden im Lied gespielt?
le compositeur	der Liedermacher, Songwriter
l'interprète, le chanteur/la chanteuse	der Sänger/die Sängerin
le couplet	die Strophe

le refrain	der Refrain
le message de la chanson	die Botschaft des Liedes
Exemples d'activités pour la compréhension orale	**Mögliche Hörverstehensaufgaben**
Vous allez écouter la chanson trois fois.	Ihr werdet das Lied (insgesamt) dreimal hören.
• Pendant la première écoute, concentrez-vous sur la musique. Comment la trouvez-vous? Qu'est-ce qui vous a frappé? Qu'est-ce que vous ressentez?	• Konzentriert euch beim ersten Hören auf die Musik. Was haltet ihr von ihr? Was ist euch aufgefallen? Wie wirkt sie auf euch?
• Pendant la première écoute, vous devez retrouver l'ordre du texte de la chanson et le compléter par les mots manquants. *(niveau avancé)* / Retrouvez l'ordre du texte de la chanson puis complétez le texte par les mots qui manquent. *(ab 2. Lernjahr)*	• Beim ersten Hörverstehen müsst ihr den Liedtext in die richtige Reihenfolge bringen und den Text mit fehlenden Wörtern vervollständigen.
• Notez les mots-clé que vous comprenez/avez compris pendant la deuxième écoute. Puis formulez le thème de la chanson.	• Notiert beim zweiten Hören Schlüsselwörter, die ihr verstanden habt. Formuliert anschließend das Thema des Liedes.
• Pendant la deuxième écoute, concentrez-vous sur le contenu du texte. Lisez donc d'abord les activités (vrai ou faux/questions à choix multiple).	• Beim zweiten Hören müsst ihr auf den Liedinhalt achtgeben. Lest daher vorher die Aufgaben (Richtig-Falsch-Aufgabe/Multiple Choice).
• Imaginez/Trouvez deux autres couplets pour la chanson.	• Denkt euch zwei weitere Strophen für das Lied aus.
Vous pouvez chanter si vous voulez/si le cœur vous en dit.	Wenn ihr wollt, könnt ihr auch mitsingen.
Maintenant, nous allons chanter cette chanson ensemble.	Jetzt singen wir alle gemeinsam.
D'abord, il faut diviser la classe en deux groupes.	Zunächst teilen wir die Klasse in zwei Gruppen.

Le premier/deuxième groupe chante le premier/deuxième couplet.

Die erste/zweite Gruppe singt die erste/zweite Strophe.

Toute la classe chante le refrain ensemble.

Die Klasse singt gemeinsam den Refrain.

Alors, (chantez) tous en chœur!

Also dann, alle zusammen!

Exemples d'activités pour utiliser une vidéo en classe

Beispiel eines Aufgabenapparates für den Einsatz eines Videos im Unterricht

- Activité préliminaire/avant le visionnement

Écris ce que tu associes à l'expression …

- Vor dem Sehen

Notiere, an was du denkst, wenn du den Ausdruck … hörst.

- Premier visionnement

Regarde les images. Qu'est-ce qui te frappe?
Peut-être que tu as déjà compris quelque chose. Dans ce cas, note ce que tu as compris.

- Erstes Sehen

Schau dir die Bilder an. Was fällt dir auf?
Vielleicht hast du schon etwas verstanden. Schreibe es auf.

- Deuxième (et troisième) visionnement

Décris ce que tu vois pendant le visionnement.
Écoute/Regarde attentivement et entoure les bonnes réponses sur la fiche de travail.

- Zweites (und drittes) Sehen

Beschreibe, was du siehst.

Hör/Sieh genau hin und kreise die richtigen Antworten auf dem Arbeitsblatt ein.

- Activité après le visionnement

Expliquez dans quelle mesure la chanson (le texte, la musique) se marie bien avec le clip vidéo.
Peut-être que vous avez d'autres propositions?

- Nach dem Sehen

Erläutert, inwiefern das Lied (der Text, die Musik) mit dem Video zusammenpasst oder nicht.
Vielleicht habt ihr noch eigene Vorschläge?

Exemple d'activités pour travailler sur une scène de film

Beispiele eines Aufgabenapparates für eine Filmszene

Vous allez voir la scène sans la bande-son.

Ihr werdet die Szene zunächst ohne Ton sehen.

1. Décrivez l'atmosphère et les relations des personnages qu'on peut distinguer.	1. Beschreibt die Stimmung und die zwischenmenschlichen Beziehungen, die man wahrnehmen kann.
2. Qu'est-ce que les personnes pourraient bien se dire?	2. Was könnten sich diese beiden Figuren in dieser Szene sagen?
• En tandem/À deux, rédigez le dialogue entre les deux personnes en prenant vos premières impressions en considération.	• Verfasst in Partnerarbeit das Gespräch zwischen den beiden Personen unter Berücksichtigung eurer Ersteindrücke.
• Répétez la scène avec le dialogue.	• Probt die Szene mit dem Dialog.
3. Regardez la scène originale (avec le son) et écoutez attentivement.	3. Schaut euch die Originalszene (mit Ton) an und hört aufmerksam hin.
4. Y a-t-il des points communs et des différences entre votre version et la version originale? Lesquels?	4. Gibt es Gemeinsamkeiten und Unterschiede zwischen eurer Version und der Originalversion? Welche?
5. Décrivez la dernière séquence d'un autre point de vue.	5. Beschreibt die letzte Sequenz von einem anderen Standpunkt aus.
Imaginez une autre fin au film (par exemple un dénouement heureux/tragique).	Denkt euch ein anderes Filmende aus (z. B. ein „Happy End" oder ein tragisches Ende).

4. Tipps und Tricks für die Verwendung des Französischen als Kommunikationssprache im Unterricht[7]

4.1 Die Flaggen (visuelle Signale)

drapeau français

→ On parle français!

drapeau allemand

→ On peut aussi parler allemand!

Die Flaggen sind Signalkarten (eine französische und eine deutsche Flagge, die mit Magnet an die Tafel angebracht werden), die den Schülerinnen und Schülern signalisieren sollen, in welcher Unterrichtsphase welche Sprache gebraucht wird. Das Ziel ist es, so oft wie möglich mit der französischen Flagge zu arbeiten.

[7] Die im Folgenden vorgestellten und erprobten Tipps und Methoden basieren u. a. auf meinen Unterrichtsbeobachtungen bei Referendaren und Referendarinnen und stammen zum Teil aus didaktisch-methodischen Artikeln.

Tipp: *Je nach Lerngruppe (ob Anfänger/Fortgeschrittene oder schwache/starke Lerngruppe) kann man die französische Flagge häufiger gebrauchen. Für die Motivation der Schülerinnen und Schüler ist es sinnvoll, sich zunächst kleine aber erreichbare Ziele zu setzen. Im Laufe des Schuljahres – wenn die Hemmung allmählich abgebaut wird – werden die Ziele höher gesetzt.*

Vorteil: *Mit den Signalkarten vermeidet die Lehrperson in den Unterrichtsphasen das ständige Wiederholen von „En français, s'il vous plaît!". Sie muss nun lediglich auf die Signalkarten hinweisen.*
In Grammatikphasen oder komplexeren Erläuterungsphasen kann beispielsweise Deutsch gesprochen werden.

4.2 Sprachliche Unterstützung

- distribuer le support linguistique sur des fiches
- afficher en classe des panneaux avec les actes de parole (expressions utiles pour …)

Mettre des supports linguistiques à disposition
- pour donner son avis
- pour participer à une discussion (avancer des arguments, persuader quelqu'un, exposer son point de vue …)
- pour présenter/mener un débat
- pour présenter les résultats d'un travail (une affiche, un schéma …)
- pour décrire une image/une photo/un personnage
- pour décrire et interpréter une caricature
- pour la communication pendant le travail en groupes

Damit die Schülerinnen und Schüler im Unterricht mit der Lehrperson aber auch untereinander die Zielsprache Französisch als Kommunikationssprache verwenden, ist es notwendig, ihnen dafür das richtige sprachliche Werkzeug zu Verfügung zu stellen. Das ist zum Einen das, was sie im Fremdsprachenunterricht lernen und zum Anderen ein „support linguistique", den man gezielt in Verbindung mit dem angestrebten Kommunikationsziel einsetzt (siehe Beispiele). Dieses sprachliche Unterstützungssystem kann in verschiedenen Formen angeboten werden:
- *als Zettel im Heft (der zu Beginn des Schuljahres ausgeteilt wird): Was sage ich, wenn … (eignet sich v. a. für Anfänger)*
- *als Liste mit Redewendungen (mit Übersetzung je nach Lernstand)*
- *als Plakat mit alltäglichen Wendungen (sie bleiben in der Regel im Klassenraum hängen)*
- *als Plakat mit Redewendungen, die für eine ausgewählte Arbeitsphase gebraucht werden*

4.3 Der Sprachwächter[8] Linguino bzw. Linguina

Tu surveilles la langue pendant le travail en groupe.

Parlez français, s'il vous plaît.
Essaie de le dire en français.
Exprime-toi / Exprimez-vous en français!

Tu aides tes camarades:
- ***tu vérifies/cherches un mot dans le dictionnaire***
- ***tu notes les difficultés de langage et de vocabulaire***

Attendez, je vais chercher.
Une minute / seconde, je cherche …
Je cherche le mot dans le dictionnaire.
Je ne sais pas non plus. Je vais noter cela.

Der Einsatz eines Sprachwächters, „Linguino" bzw. „Linguina" genannt, (meistens während der Gruppenarbeitsphasen) kann als Binnendifferenzierung eingesetzt werden. Für diese Rolle wird eine Rollenkarte mit einem „support linguistique" ausgeteilt (siehe Beispiel).
Rolle: Der „maître de langue" soll im Rahmen der Gruppenarbeit
- *seine Gruppe daran erinnern, zur Kommunikation die Zielsprache zu verwenden,*
- *die sprachlichen Schwierigkeiten, die eventuell auftreten, notieren, um sie später im Plenum vorzustellen,*
- *unbekannte Vokabeln im Wörterbuch nachschlagen.*

Vorteile: *Damit wird das kooperative Lernen gefördert, das sprachliche Bewusstsein verstärkt, die Verantwortung für die Kommunikation in der Zielsprache von den Schülerinnen und Schülern selbst übernommen und die Akzeptanz einer Kommunikation in der Fremdsprache erhöht.*

4.4 Der „Miniprof"[9]

Exemple de support linguistique pour «le miniprof» pour **la correction d'un exercice** (pour apprenants débutants avec la traduction en allemand)

- **Pour commencer**
  Alors, on va corriger l'exercice ensemble.
  Qui commence?

Die Rolle der Schülerin / des Schülers als Lehrer/in ist ein Mittel der Binnendifferenzierung, das es ermöglicht, den Sprechanteil der Lehrperson zu reduzieren und die kommunikativen Kompetenzen (u.a.) zu erhöhen.
Es ist darauf zu achten, dass der „Miniprof" einen „support linguistique" (siehe Beispiele) erhält, der ihn in

[8] Grieser-Kindel/Henseler/Möller (2013): *Le guide des méthodes.* Schöningh. S. 15.
[9] Grieser-Kindel/Henseler/Möller (2013): *Le guide des méthodes.* Schöningh. S. 159–162.

- **Pour continuer**
  Qui continue?
  Comment?
  Je n'ai pas compris.
  Parle plus fort, s'il te plaît.
  Oui, c'est correct/juste/bien.
  Vous êtes d'accord?
  Non, ce n'est pas juste.
  Qui a une autre solution?
  Qui peut aider X?
- **Pour finir**
  Voilà, c'est fini.
  Vous avez bien travaillé.

seiner Funktion unterstützt. Bei Anfängern empfiehlt es sich auch, Lösungsblätter zu Verfügung zu stellen und leistungsstarke Schülerinnen und Schüler einzusetzen, denn es sind für die Aufgaben des „Miniprof" unterschiedliche Kompetenzen erforderlich. Die vorgegebenen Redewendungen sollten übersetzt werden.

Vorteile:

- *die Motivation der Klasse wird in der Regel durch den Einsatz einer Mitschülerin/eines Mitschülers erhöht,*
- *kann bereits bei Anfängern in kleinen Phasen wie die Hausaufgabenbesprechung und später als Vorstufe der Moderatorenfunktion eingesetzt werden, stärkt das Selbstbewusstsein der Lernenden.*

4.5 Die Sprechbox („La boîte à gages")

Tu as parlé allemand alors que tu aurais pu/dû parler français. La boîte est pour toi!

Tu fais passer la boîte au prochain/à la prochaine qui parlera allemand.

On verra qui aura la boîte à la fin de l'heure.

Tire une carte pour savoir quel est ton gage.

Exemples de cartes à gage avec un joker *(für einen Oberstufenkurs geeignet)*

- Apporte une spécialité culinaire française à partager avec le cours.
- Apporte le goûter pour le cours.

Diese Box wird der Schülerin/dem Schüler einer Klasse gegeben, sobald sie/er in einer Phase Deutsch spricht, in der nur die Zielsprache gesprochen werden sollte. Die Box wird von der Schülerin/dem Schüler weitergereicht, sobald die/der Nächste Deutsch gesprochen hat. Diese Methode ist angelehnt an das Kartenspiel „Der schwarze Peter" oder in Frankreich „Le Pouilleux ou Mistigri". Die Schüler versuchen zu vermeiden, am Ende der Unterrichtsstunde die Box in Händen zu halten. Die Schülerin/der Schüler, die/der sie zuletzt hat, zieht ein Kärtchen mit einer Aufgabe (un gage) heraus, die bis zur nächsten Stunde erledigt werden muss (siehe Kärtchenbeispiele). Die Box sollte ein bis zwei Jokerkärtchen enthalten.

- Prépare une fiche de vocabulaire sur les cours de la semaine.
- Présente les devoirs à la prochaine séance et rends-les à ton prof.
- Présente un roman / une chanson / un film / une série télévisée / une BD / un article français ou francophone au cours.
- Veinard! (joker)

Diese Methode eignet sich bereits ab dem 2. Lernjahr und sollte zunächst nur für einzelne Unterrichtsphasen eingesetzt werden. Das Ziel sollte jedoch sein, die Box / „La boîte à gages" am Ende die ganze Zeit einzusetzen bzw. zu erreichen, dass auch ohne den Einsatz der Box im Unterricht kontinuierlich Französisch gesprochen wird. Für den Einsatz im Anfängerunterricht sollte man einfachere „gages" geben (z. B. einen Vokabeltest erstellen lassen, Vokabeln mit der Klasse üben, einen kleinen Vortrag über eine französische Besonderheit auf Deutsch halten). Dabei ist eine sprachliche Unterstützung (s. o.) wichtig.

Vorteil: *Damit wird der Sprechanteil der Schülerinnen und Schüler in der Zielsprache erhöht und die Kommunikation der Schülerinnen und Schüler untereinander in der Zielsprache konsequent sichergestellt.*

Nachteil: *In einigen Fällen kann der Einsatz dieser Methode hemmend wirken (so die Aussage einiger Schülerinnen und Schüler), sodass einige sich nicht oder weniger zu sprechen trauen. Besonders in diesem Fall ist ein freundlicher Umgang mit Fehlern sehr wichtig und sollte ritualisiert werden. Damit soll den Lernenden die Angst vor Fehlern genommen werden.*

4.6 Carton jaune / carton rouge

- Avertissement. N'oublie pas de parler français! La prochaine fois, c'est le carton rouge.
- Dommage: Tu as encore parlé allemand. Tire une carte pour savoir quelle tâche tu dois remplir.

→ siehe Aufgabenbeispiele in 4.5

Dies ist eine Alternative zur vorherigen Methode. Sie ist vom Fußball inspiriert. Das Prinzip besteht darin, in Phasen, in denen als Kommunikationssprache die Zielsprache gefordert wird, zunächst als Mahnung gelbe Karten zu verteilen, wenn diese Regelung nicht befolgt wird. Bei erneuter Aufforderung, Französisch zu sprechen, soll die Schülerin / der Schüler aus einer Aufgabensammlung (ähnlich wie oben) eine „rote" Karte ziehen und die entsprechende Aufgabe zur nächsten Stunde erledigen.

Vorteil: *Die Schülerinnen und Schüler gewöhnen sich daran, in der Zielsprache zu kommunizieren (zunächst in bestimmten Phasen) und selbst dafür Verantwortung zu tragen.*

Wichtig: der Lehrer hat zwar eine Vorbildfunktion (hier besonders im Bereich der Sprache), der Redeanteil des Lehrers sollte jedoch angemessen gering sein. Außerdem muss überprüft werden, ob die Sprechgeschwindigkeit an die Lerngruppe angepasst ist und das Sprachniveau dem Niveau der Klasse entspricht.

5. Didaktisches Fachvokabular

l'enseignement communicatif	Kommunikativer Unterricht
l'enseignement actionnel	Handlungsorientierter Unterricht
l'apprentissage en équipe/coopératif	Kooperatives Lernen
la mise en route	Einstieg
l'approche (f.)	Annäherung an das Thema
les (domaines d') activités (f.) de la discipline	Aufgabenbereiche des Faches
la compréhension écrite	Leseverstehen
la compréhension orale	Hörverstehen
la différenciation (pédagogique)	Differenzierung
le travail interdisciplinaire	Fächerübergreifendes Arbeiten
la tâche complexe	komplexe Lernaufgabe
l'enseignement horizontal	Offener Unterricht
l'enseignement vertical	Frontalunterricht
la phase de travail/d'élaboration	Erarbeitungsphase
la phase de présentation/de mise en commun	Präsentationsphase

la phase d'évaluation / de réflexion	Evaluations- / Reflexionsphase
la phase de consolidation	Sicherungs- / Festigungsphase
les compétences / les aptitudes (f.) de communication	kommunikative Kompetenzen / Fertigkeiten
l'objectif (m.)	Lernziel
la démarche pédagogique	die pädagogische Vorgehensweise
les phases de travail / du cours	Unterrichtsphasen
la formation des groupes	Gruppenbildung
l'individualisation (f.)	Individualisierung
la médiation	Sprachmittlung
la production écrite	Schreiben
la production orale	Sprechen
le travail sur projet	Projektarbeit
le système d'appui / le support linguistique	die sprachliche Unterstützung
la tâche (d'apprentissage)	Lernaufgabe
les compétences (f.)	Kompetenzen
• la compétence de communication interculturelle	• interkulturelle kommunikative Kompetenz
• la compétence de communication fonctionnelle	• funktionale kommunikative Kompetenz
• la compétence textuelle et médiatique	• Text- und Medienkompetenz
la démarche de correction des fautes	die Fehlerkorrektur / der Umgang mit Fehlern
• la correction immédiate / «à chaud»	• die sofortige Korrektur

• la correction en différé[10]	• die spätere Korrektur
• l'autocorrection	• die Selbstkorrektur
• la correction collective	• die gemeinsame Korrektur
• la correction sélective[11]	• die selektive Korrektur
Les types d'activités / d'exercices (m.)	**Übungsformate / Übungstypen**
un questionnaire à choix multiples (QCM)	Multiple-Choice-Aufgabe
un exercice vrai ou faux	Richtig-Falsch-Aufgabe
un exercice lacunaire / à trous	Lückentext
un exercice de transformation	Transformationsübung
un exercice de substitution	Tauschübung
un exercice d'expansion	Ergänzungsübung
préparer une présentation minute à partir de notes	Einen Kurzvortrag anhand von Notizen vorbereiten
des exercices ouverts, semi-ouverts, fermés	offene, halboffene, geschlossene Aufgabe

[10] z. B. la correction minute
[11] z. B. la correction minute